W0369876

Mosaik bei
GOLDMANN

Buch

Nachdem Sudoku Großbritannien im Sturm erobert hat, stellen sich auch in Deutschland immer mehr Rätselfans der größten Herausforderung seit dem Zauberwürfel. Aber was ist dieses Sudoku überhaupt? Auf Deutsch bedeutet es so viel wie die Ziffer (su), die alleine steht (doku), und ein Sudoku besteht aus einem 9 x 9 Felder großen Rastergitter. Ziel des Zahlenrätsels ist es, die leeren Felder mit den Zahlen von 1 bis 9 zu vervollständigen. Das hat nichts mit Mathematik zu tun, sondern logisches Denken und Kombinieren führen zum Erfolg. In diesem Rätselbuch für Anfänger können Sie Ihre Konbinations- und Konzentrationsfähigkeit an 102 Sudokus in den Schwierigkeitsstufen »extrem harmlos« und »harmlos« erproben – alles, was Sie dazu brauchen, ist ein Bleitift!

Von Yukio Suzuki außerdem bei Mosaik bei Goldmann

Sudoku und andere japanische Zahlenpuzzles (16795)

Sudoku 2 (16816)

Sudoku für Könner (16826)

Yukio Suzuki

Sudoku für Anfänger

102 einfache Zahlenrätsel

Mosaik bei
GOLDMANN

Umwelthinweis:
Alle bedruckten Materialien dieses Taschenbuches sind chlorfrei und umweltschonend.

2. Auflage
Deutsche Erstausgabe, September 2005

Originaltitel: Su Doku For Beginners
Originalverlag: Arcturus Publishing Limited
Umschlaggestaltung: Design Team München
Satz: Uhl + Massopust, Aalen
Druck und Bindung: GGP Media GmbH, Pößneck
WR · Herstellung: Han
Printed in Germany
ISBN 10: 3 442 16815 5
ISBN 13: 978 3 442 16815 6

www.goldmann-verlag.de

INHALT

ANLEITUNG

Ursprünglich aus Japan kommend, hat Sudoku (»die Ziffer, die alleine steht«) mittlerweile die Welt erobert.

Das Lösungsprinzip von Sudoku ist sehr einfach und basiert ausschließlich auf Logik. Es muss nichts addiert, subtrahiert oder multipliziert werden, und Sie müssen kein mathematisches Genie sein, um die Rätsel zu lösen. Jeder, der bis neun zählen kann, kann auch Sudokus lösen!

Es ist ganz einfach: Sie müssen nur eine Ziffer von 1 bis 9 in jedes freie Feld des Rastergitters eintragen, sodass in jeder Reihe, in jeder Spalte und in jedem Block von 3 x 3 Feldern jede Ziffer genau ein Mal vorkommt.

Dieses Buch enthält Sudokus in den Schwierigkeitsstufen »extrem harmlos« und »harmlos« – am Ende des Buches finden Sie alle Lösungen, damit Sie Ihre Ergebnisse kontrollieren können.

		5	4		9	8		
		1	3		7	5		
7	2	9	8	6	5	1	4	3
9	1	2				3	7	6
		3		9		4		
4	8	6				9	5	2
6	5	7	9	8	4	2	3	1
		8	6		2	7		
		4	7		1	6		

	5	4				2	6	
6		2	5		4	1		9
3	7		2	9	6		5	4
	2	9	4		7	6	1	
		8		1		7		
	1	6	3		9	4	8	
8	6		7	2	5		4	1
2		5	9		1	3		8
	9	7				5	2	

8	7	**2**	4	9	6	**5**	1	3
9	6	**5**	**8**	**1**	**3**	**2**	4	7
3	**1**	4	**2**	**7**	**5**	8	**6**	**9**
5	**2**	**1**	**7**	**4**	**8**	**9**	**3**	6
6	**4**	**8**	**5**	**3**	**9**	**1**	**7**	2
7	**3**	**9**	**1**	**6**	**2**	**4**	**5**	8
2	**9**	6	**3**	**5**	**1**	7	**8**	**4**
1	8	**7**	**6**	**2**	**4**	**3**	9	5
4	5	**3**	9	8	7	**6**	2	1

		2	6		3	7		
		5	1		9	6		
9	8	6	5		4	2	1	3
2	1	8		4		3	6	9
			2		6			
6	5	4		3		1	2	7
5	2	1	3		7	8	4	6
		9	8		1	5		
		3	4		2	9		

4	9	2	3	6	7	1	8	5
6	1	3	5	2	8	9	7	4
7	8	5	4	1	9	3	2	6
5	2	8	1	4	9	7	6	3
9	4	6	8	7	3	5	1	2
3	7	1	6	5	2	4	9	8
8	5	7	2	4	1	6	3	9
2	6	9	7	3	5	8	4	1
1	3	4	9	8	6	2	5	7

EXTREM HARMLOS Sudoku

		1	9		6	8		
	7		5		3		1	
8		6	1	4	2	9		5
3	1	4		9		7	6	8
		2	7		4	1		
9	6	7		3		4	5	2
7		3	6	1	8	5		4
	4		3		9		2	
		5	4		7	3		

			6		3			
	2	3	9	7	5	8	6	
	6		2	4	8		5	
2	3	6	5		7	9	4	1
	9	4				6	7	
5	1	7	4		9	3	2	8
	4		8	9	2		3	
	8	2	7	5	6	4	1	
			1		4			

	3		7	1	8		6	
8		1	2		9	7		4
	9	2	6		4	3	8	
1	4	6				5	7	3
2								8
5	8	3				4	9	2
	5	7	9		1	8	4	
6		4	3		7	9		5
	2		4	6	5		3	

3	9	2	7	5	1	8	4	6
7	1	8	6	4	3	9	5	2
4	5	6	9	8	2	7	3	1
9	8	4	1	3	7	2	6	5
2	6	7	4	9	5	3	1	8
5	3	1	8	2	6	4	7	9
6	7	3	2	1	8	5	9	4
8	4	5	3	6	9	1	2	7
1	2	9	5	7	4	6	8	3

EXTREM HARMLOS Sudoku

		5	4		3	6		
		7	9	2	6	3		
3	6	2		5		9	1	4
7	3			9			6	5
	2	1	6		4	7	3	
4	9			7			8	2
2	1	3		4		8	9	6
		9	2	6	1	5		
		4	8		9	2		

		7	4	2	8	9		
			3		5			
4			1	7	6			8
3	8	5	7	6	1	2	4	9
1		6	2		4	7		5
7	4	2	9	5	3	8	1	6
6			8	4	7			2
			6		9			
		3	5	1	2	6		

		7	2	6	8	5		
				1				
6		4	5	9	7	1		8
4		6	9	5	2	3		7
7	5	3	1		6	4	9	2
9		2	4	7	3	6		1
8		9	6	3	5	2		4
				4				
		5	7	2	1	8		

	3	4		7		1	8	
7	8	1	3		6	9	5	2
5	2			1			4	3
	5		7		3		2	
2		7				6		9
	4		1		2		7	
1	9			3			6	4
4	7	8	6		9	3	1	5
	6	2		5		8	9	

	2	1				6	8	
8			6		1			7
4		3	8	5	7	2		1
	9	6	1	3	8	7	5	
		8	2		5	1		
	7	5	4	9	6	8	2	
6		7	5	1	9	4		2
5			7		2			6
	1	2				5	7	

4	8	6		1		5	3	2
5		7	3		6	4		8
3	9						7	6
	5		8	6	1		4	
6			5		4			9
	3		2	9	7		6	
9	6						8	4
7		1	6		8	9		3
8	4	5		7		6	2	1

	8		7	6	4		3	
6			2		8			4
		4	5		9	1		
8	4	7	9	2	6	3	1	5
9			4		1			7
1	2	5	8	7	3	6	4	9
		2	3		7	5		
3			1		2			6
	1		6	4	5		9	

		9		7		2		
	5	1				7	4	
6	3	7	2	4	5	8	9	1
		5	7	1	9	4		
1		6	4		8	5		7
		4	5	6	3	9		
9	7	2	6	3	4	1	5	8
	6	8				3	7	
		3		9		6		

	4		7		1		9	
7			6	8	3			1
		1	5	4	9	6		
8	1	6	2		5	9	3	4
	2	3				5	7	
9	5	7	3		4	1	8	2
		8	9	5	2	7		
2			4	3	6			5
	3		8		7		6	

	1		9		7		4	
3		4	6		8	1		9
	7	6	5		4	3	8	
6	9	5		7		8	3	1
			1		5			
7	2	1		9		4	5	6
	6	9	3		1	7	2	
5		2	7		6	9		8
	4		2		9		6	

5	2	7	9	1	6	4	3	8
1	8	3	5	4	7	2	6	9
4	9	6	3	8	2	7	5	1
8	7	5	4	2	1	6	9	3
3	1	2	6	7	9	5	8	4
6	4	9	8	5	3	1	7	2
9	6	4	2	3	5	8	1	7
7	5	8	1	9	4	3	2	6
2	3	1	7	6	8	9	4	5

1		9	5		7	3		8
		7		1		5		
2	8		4	3	9		6	1
4		6	9		2	8		5
	7	1				2	3	
9		8	1		3	4		6
6	9		3	4	8		5	7
		3		9		6		
8		4	7		5	9		3

	3	8	5		7	6	4	
5		4	6		9	8		7
7	9	6				2	3	5
3	4			6			5	8
			1		3			
9	5			8			6	3
4	7	5				3	8	1
2		3	4		8	5		6
	8	9	3		5	4	7	

	2	6		3		8	9	
4	1		5		8		3	6
8			2		1			5
	4	1	9	7	2	6	5	
6			4		3			2
	7	2	6	8	5	4	1	
2			3		7			9
1	9		8		6		2	7
	6	5		2		3	8	

	2		9		5		6	
5		1	6		2	9		8
	7		4	8	3		2	
9	3	7		2		4	5	6
		2	3		6	1		
1	6	5		4		3	8	2
	9		2	3	8		1	
3		8	5		4	2		7
	5		1		7		4	

		6	7		3	2		
		7		2		6		
2	4	5	6		9	1	3	7
5		4	8	7	6	3		9
	2		9		1		6	
8		9	5	3	2	4		1
6	7	8	2		4	9	1	3
		2		9		7		
		1	3		7	5		

	2		1		9		5	
3		4	6		2	1		9
	9	1	7		4	3	6	
7	5	3	8		1	4	2	6
8	6	9	2		7	5	1	3
	8	6	3		5	2	4	
2		5	9		6	8		7
	3		4		8		9	

		3	8		5	6		
		9		6		2		
4	5	6	3		9	8	7	1
1		5		8		4		7
	2		6	7	1		8	
6		7		5		3		2
5	4	2	7		6	1	3	8
		8		3		9		
		1	5		8	7		

			4	3	7			
		3	2		8	5		
	7	4	1		6	9	3	
9	8	1		6		7	5	2
7			9	8	5			3
3	4	5		1		8	9	6
	2	9	8		3	1	6	
		7	6		9	3		
			5	4	1			

2	3			9			6	8
6		1	8		5	4		7
	8		3		1		2	
	6	7	5		8	2	1	
5				3				4
	4	3	2		9	6	7	
	2		9		3		5	
3		9	1		6	8		2
1	7			5			9	6

5	8			3			6	9
3		7		5		1		4
	4		7		8		2	
		3	4	9	6	8		
6	7		3	2	5		4	1
		4	8	7	1	6		
	2		5		3		9	
4		5		8		2		6
8	1			4			3	7

	3	8				1	5	
7			9		8			2
4		2	5	1	3	7		9
	9	3		6		4	1	
		5	1	3	4	2		
	8	4		2		3	6	
8		7	3	5	6	9		1
5			2		7			3
	2	9				5	7	

	5	1		8		2	4	
7								3
9		2	1	4	5	7		6
		4	7	9	1	8		
3		7	2	6	8	4		5
		9	5	3	4	6		
4		5	9	1	6	3		8
8								1
	9	6		7		5	2	

		9	3		4	6		
	3		5	8	9		4	
4		7	6		1	9		5
9	4	8				3	7	6
	2			3			9	
6	7	3				5	2	1
3		4	1		2	7		8
	6		8	5	3		1	
		5	9		7	2		

	8						4	
7	1		4	8	3		2	5
		4	2	1	5	8		
	6	8		4		5	9	
	5	1	7	6	9	4	3	
	7	9		3		1	6	
		5	3	2	6	7		
6	9		8	7	1		5	4
	2						1	

	1	4	3		2	7	6	
9				4				2
3		6	1	8	7	4		9
2		8				6		5
	3	5				9	8	
1		9				2		3
8		3	7	2	6	5		1
6				1				4
	9	1	8		4	3	2	

	3			1			2	
8		2	6		3	9		1
	6	4	7		9	5	8	
	7	5		8		2	1	
4			9		7			8
	8	9		3		4	5	
	9	6	3		1	8	4	
5		3	8		4	7		2
	4			9			3	

4			1	6	5			8
		5		9		1		
	1	6	3	2	8	7	4	
2		9				4		1
7	8	4				9	6	3
1		3				8		2
	2	8	4	1	9	5	3	
		1		3		2		
3			5	8	2			9

			3	6	4			
		6	2	7	5	3		
	2		8		9		5	
4	7	8		3		1	2	9
2	6		1		8		7	3
9	3	1		4		6	8	5
	4		6		1		9	
		9	4	5	3	2		
			9	8	7			

	4	1	8		3	7	9	
7		9				3		8
8	2		9		7		1	6
3		4		8		2		9
			2		6			
2		6		9		1		5
1	7		4		8		5	3
4		8				6		1
	6	5	1		2	4	8	

			5		9			
	1	9	7	8	6	4	3	
	8		4	2	3		9	
4	5	7				9	2	8
	3	8				1	6	
6	2	1				3	5	7
	9		6	7	8		4	
	6	2	9	4	5	8	1	
			1		2			

7	3		2		1		6	9
6		9				2		3
	2		9	6	3		7	
8		3		4		9		1
		1	6		9	8		
4		7		1		5		6
	8		1	2	6		9	
9		6				3		2
1	4		3		7		8	5

	4						3	
3		6	9		5	1		4
	1	5	4	3	2	6	8	
	7	1	6		3	9	4	
		9				8		
	2	3	1		4	5	7	
	5	4	2	6	8	3	9	
2		8	7		9	4		1
	9						5	

	7	6				3	1	
8			3		4			7
4			7	6	5			8
	6	1	4	5	7	8	3	
		7	1		8	6		
	4	8	6	3	9	1	7	
6			2	7	1			3
7			5		6			1
	2	5				7	9	

	4						1	
8		3	5		2	6		9
	9		6	4	3		7	
	8	9	7	2	5	4	6	
		1	3		4	7		
	5	4	1	9	6	3	2	
	6		2	3	1		5	
5		7	8		9	2		4
	3						8	

		2	8		1	9		
	1	5	6		9	3	4	
7	9	4				6	1	8
2	8			9			6	1
			2		3			
5	4			6			9	3
1	2	9				5	3	7
	3	7	1		5	4	8	
		8	9		7	1		

7	6	4	1	2	9	5	8	3
3	2	5	8	7	4	1	6	9
9	8	1	5	6	3	4	7	2
8	7	2	4	9	1	6	3	5
5	3	9	2	8	6	7	4	1
4	1	6	3	3	7	2	9	8
1	4	8	7	3	5	9	2	6
2	9	7	6	1	8	3	5	4
6	5	3	9	4	2	8	1	7

Sudoku EXTREM HARMLOS

8	9	6	1	2	3	4	7	5
3	1	2	7	4	5	6	9	8
4	7	5	8	9	6	1	2	3
6	8	9	3	1	7	2	5	4
5	3	1	4	6	2	7	8	9
2	4	7	9	5	8	3	1	6
7	5	8	2	3	4	9	6	1
1	6	3	5	7	9	8	4	2
9	2	4	6	8	1	5	3	7

2	3	8	4	9	6	1	5	7
9	5	1	2	7	3	6	4	8
6	4	7	1	8	5	2	9	3
3	8	4	7	1	9	5	6	2
7	9	2	6	5	4	3	8	1
1	6	5	3	2	8	9	7	4
5	1	9	8	4	2	7	3	6
4	2	3	5	6	7	8	1	9
8	7	6	9	3	1	4	2	5

6	1	7	2	4	8	5	3	9
3	9	8	5	6	1	4	7	2
5	2	4	9	3	7	6	8	1
7	4	5	3	8	9	1	2	6
1	3	9	6	2	4	7	5	8
8	6	2	1	7	5	9	4	3
2	5	3	4	1	6	8	9	7
4	7	1	8	9	2	3	6	5
9	8	6	7	5	3	2	1	4

	1						4	
7		5	3		8	6		9
	9	2	7	4	5	8	3	
	8	1		9		3	7	
		6	8		7	1		
	7	3		5		4	6	
	3	9	5	7	6	2	8	
2		4	1		9	7		3
	5						1	

9	5	4	8	2	7	1	3	6
6	8	1	5	4	3	9	7	2
2	3	7	9	6	1	8	5	4
8	7	3	1	5	4	6	2	9
5	1	6	2	3	9	4	8	7
4	9	2	7	8	6	5	1	3
3	6	8	4	1	2	7	9	5
7	4	5	3	9	8	2	6	1
1	2	9	6	7	5	3	4	8

1	8	9	5	7	3	6	2	4
7	2	3	9	6	4	8	5	1
5	4	6	1	2	8	7	3	9
8	1	2	7	4	9	5	6	3
4	6	5	2	3	1	9	7	8
3	9	7	6	8	5	4	1	2
6	7	1	8	9	2	3	4	5
9	5	4	3	1	7	2	8	6
2	3	8	4	5	6	1	9	7

4	7	8	1	2	9	3	5	6
5	3	1	7	6	8	4	9	2
9	6	2	4	5	3	1	8	7
6	1	3	9	7	4	8	2	5
7	2	9	5	8	1	6	3	4
8	4	5	2	3	6	7	1	9
3	9	6	8	4	2	5	7	1
2	5	4	3	1	7	9	6	8
1	8	7	6	9	5	2	4	3

EXTREM HARMLOS Sudoku

9	3	1	2	8	7	6	5	4
2	5	8	1	4	6	3	7	9
4	6	7	5	3	9	8	2	1
8	7	3	9	1	4	2	6	5
1	2	4	7	6	5	9	8	3
5	9	6	8	2	3	1	4	7
3	4	2	6	7	1	5	9	8
7	8	5	3	9	2	4	1	6
6	1	9	4	5	8	7	3	2

3		8		7		5		2
		9	2		6	3		
7	2		3		9		8	6
	3	5				2	1	
1								3
	8	6				4	7	
6	9		5		2		3	4
		3	6		4	7		
2		1		3		6		9

5	**4**	3	**9**	1	**6**	7	**8**	2
8	**9**	6	**2**	**7**	**3**	1	**5**	**4**
2	1	7	8	**5**	4	9	3	6
7	**6**	8	**4**	2	**1**	5	**9**	**3**
4	**3**	**5**	7	9	8	**6**	**2**	1
1	**2**	9	**6**	3	**5**	8	**4**	**7**
9	8	1	3	**4**	7	2	6	5
3	**7**	2	**5**	**6**	**9**	4	**1**	**8**
6	**5**	4	**1**	8	**2**	3	**7**	9

5	8	7	6	1	3	2	9	4
6	2	9	4	5	7	8	3	1
1	4	3	2	8	9	7	6	5
2	3	1	5	4	6	9	8	7
4	7	6	9	2	8	5	1	3
8	9	5	7	3	1	6	4	2
9	5	4	1	6	2	3	7	8
7	1	8	3	9	5	4	2	6
3	6	2	8	7	4	1	5	9

3	5	9	6	4	8	1	7	2
2	4	1	7	3	5	8	6	9
8	6	7	9	1	2	4	5	3
7	1	5	4	6	9	3	2	8
4	9	2	5	8	3	6	1	7
6	3	8	2	7	1	5	9	4
9	2	4	8	5	6	7	3	1
1	8	6	3	9	7	2	4	5
5	7	3	1	2	4	9	8	6

3	7	2	6	1	5	4	9	8
9	6	1	8	7	4	5	2	3
5	8	4	9	3	2	1	7	6
2	9	6	7	5	3	8	4	1
8	1	3	4	9	6	7	5	2
7	4	5	1	2	8	3	6	9
4	5	9	3	6	1	2	8	7
1	2	7	5	8	9	6	3	4
6	3	8	2	4	7	9	1	5

7	2	8	5	3	9	6	4	1
3	9	6	7	1	4	5	8	2
5	4	1	2	8	6	7	9	3
4	3	2	6	7	8	1	5	9
1	5	7	3	9	2	8	6	4
8	6	9	1	4	5	2	3	7
6	7	3	4	5	1	9	2	8
9	1	5	8	2	3	4	7	6
2	8	4	9	6	7	3	1	5

6	3	1	2	5	4	8	9	7
2	9	8	1	7	3	5	6	4
5	4	7	6	8	9	3	2	1
8	6	4	5	1	7	2	3	9
1	5	9	8	3	2	7	4	6
7	2	3	4	9	6	1	8	5
9	7	2	3	4	1	4	5	8
3	1	5	9	6	8	4	7	2
4	8	6	7	2	5	9	1	3

3	9	7	4	6	2	5	8	1
8	6	1	9	3	5	2	7	4
5	2	4	7	1	8	3	9	6
9	4	8	5	2	7	1	6	3
2	3	6	8	4	1	9	5	7
7	1	5	3	9	6	4	2	8
1	7	9	2	8	4	6	3	5
6	5	3	1	7	9	8	4	2
4	8	2	6	5	3	7	1	9

1	6	4	8	9	2	7	5	3
5	9	2	1	7	3	8	4	6
8	3	7	5	6	4	2	1	9
3	8	5	6	2	1	4	9	7
9	4	1	3	8	7	5	6	2
7	2	6	4	5	9	3	8	1
6	1	3	7	4	5	9	2	8
4	7	9	2	1	8	6	3	5
2	5	8	9	3	6	1	7	4

2

3	6	4	1	2	7	5	8	9
5	2	7	9	4	8	1	6	3
8	9	1	5	3	6	2	7	4
7	4	6	3	1	9	8	5	2
1	5	9	2	8	4	6	3	7
2	8	3	7	6	5	9	4	1
4	3	2	8	5	1	7	9	6
9	1	5	6	7	3	4	2	8
6	7	8	4	9	2	3	1	5

9	8		6	5	1		2	7
2				8				6
			2		4			
6		8	5		2	7		1
5	7						8	2
4		1	8		9	5		3
			9		5			
3				4				9
8	5		1	2	3		7	4

EXTREM HARMLOS Sudoku

8	3	4	9	6	5	7	1	2
9	5	2	1	7	3	8	6	4
1	6	7	8	2	4	5	3	9
5	2	3	7	4	6	1	9	8
7	4	1	5	8	9	6	2	3
6	8	9	3	1	2	4	5	7
2	7	8	6	9	1	3	4	5
3	9	6	4	5	7	2	8	1
4	1	5	2	3	8	9	7	6

	2	1				4	7	
8	9			7			3	5
6			4		5			1
		8	1	3	7	2		
	3		6	4	8		1	
		6	5	2	9	3		
3			9	1	4			2
1	4			6			5	3
	6	2				1	8	

					8			1
		2				5	3	
8				5	6	4	7	
9		5		4		3		6
		8						
3		6		1		8		7
1				2	9	7	8	
		3				1	6	
					4			2

		7	3		4	2		
4	8		1		2		5	7
3	1	8				7	9	2
		5				6		
2	9	6				5	4	8
6	3		9		7		1	5
		4	5		6	8		

			7		1			
	5	3				1	9	
6	2		9		5		4	7
		7	4		2	6		
	9						1	
		6	1		7	3		
3	1		2		6		8	5
	6	4				2	7	
			5		3			

7								2
		8	7		2	9		
2			4	3	8			7
		5	8		1	2		
	3		5		9		4	
		9	3		4	1		
9			1	4	3			8
		4	2		7	6		
5								4

			1		2			
	4			8			3	
		1	4		7	2		
8		6	2		5	9		3
2	5						4	8
3		4	8		1	6		2
		8	7		4	5		
	6			5			2	
			6		3			

					4			
		7	3	2				
	2		9	7		1	6	3
2		3					9	1
7		8		5		3		6
6	9					4		8
5	1	9		8	3		7	
				9	2	5		
			5					

	5		6	2	1		4	
8		6				7		1
	1						6	
5			4		6			9
9				3				5
2			5		8			6
	3						9	
1		2				6		4
	9		1	6	4		8	

	6	8	7		4	5	3	
7				9				8
1								9
5			1		6			2
	7			4			8	
6			9		8			3
4								7
2				8				5
	9	7	2		5	3	6	

6			8		9			3
	3						8	
			5	2	3			
4		5		8		3		2
		1	6		4	9		
3		6		5		4		8
			3	6	5			
	1						7	
5			7		2			4

	5		9		6		1	
1				4				3
		8	3		5	9		
6		7				2		4
	9						8	
2		3				5		6
		6	5		1	8		
8				3				9
	7		8		4		3	

						6		8
3	8				1	4		
4		1				3		5
2		6	9		4			
			7	8	5			
			6		2	9		1
5		8				7		3
		4	5				9	2
7		9						

	7	3		4		8	2	
	6						9	
	4		9		2		7	
	2		7		6		4	
	9			8			3	
		1		9		4		
		7	4		8	9		
4		9	3		1	5		7

	4						6	
	7	8	5		2	9	3	
		5	7		1	3		
	3	6				7	1	
	8						2	
			6		8			
1		7	9		5	4		3
	2	3		1		6	9	

9								1
	3			2			8	
	5		8		4		7	
	9		5		2		4	
		3	9		1	8		
	8		7		6		9	
	1		4		3		2	
	7			6			1	
8								7

	1	9				2	5	
5		4		6		1		8
8			7		5			1
		1	6		9	8		
4			8		2			6
3		5		2		7		4
	7	6				3	1	

					8		9	
7	3			6		1		
		9	5	4			7	
	7	4	3		6	5		
6			2	9	7			
	6			5	3			
2		8		7		3		
9	1		6			7		

			7		8		6	9
			6	4	2	1	8	
	9	1		7	3			
2		3				7		6
			2	6		5	9	
	6	2	3	1	9			
5	1		8		7			

	3		7		9		8	
	8						9	
	4						1	
3		9	1		5	4		8
		2	9		8	3		
	1	6	4		3	2	5	
4		5		1		6		3

	6			1				
			7		3			
	8	7		9	5	1	3	
8			1				5	2
						8		
5			3				6	7
	1	5		3	2	6	7	
			4		9			
	3			7				

			7		9			
				2				
1		6				2		5
		7		3		4		
	8			5			9	
	3		9		7		6	
	7	1				9	3	
4	2	8				6	1	7
			8		1			

5		2				1		6
	9	4				7	5	
		8	7		2	6		
7	4		8		6		9	1
	5		6		1		2	
8				7				4
1			2		5			3

	6		5					
5		8						
7		1		2		3		9
			7				8	6
8			3	9	6			2
9	5				4			
4		3		6		2		5
						8		4
					3		9	

HARMLOS Sudoku

								1
7						5	3	4
3	5		9	4				
		5	4				7	2
		8		9	2			
		6	1				4	8
8	1		6	7				
4						8	1	3
								7

					5		2	
				2	8			9
		9	1					
		5			2			1
	3						6	
8	6		4			9		2
					6		9	3
1				9		6		7
	9		7		3	1	5	

		4			7		5	
					1	4		2
	9						6	
8		7	9		5			1
						3	2	
6		5	4		3			8
	5						9	
					9	8		4
		2			6		1	

		1		4				
9		3	2				5	
	4	8			3			
		9		2		5		
	8	2		9	7			1
			3				7	
				6	5	2	3	7
	9			3		8		
							4	

HARMLOS Sudoku

			8	1				6
1			6		7		3	
6		2						
	4				3	6		
2	5	9		4				
	1				2	9		
8		7						
9			3		5		7	
			2	7				4

	6							
					1	9	6	4
5				3				
		8		1	6	2		7
2			5		4			9
3		5	8	9		6		
				2				3
8	4	9	7					
							7	

			4		3			
		9			8		3	5
	1			5				6
5								1
		6			4	2		
4	9			2			6	
				1				3
	2				6			8
	3	5	9			1	7	

	3			7			9	
7			1					6
			8			2		4
	9	7		5		4		
8			4			9		
		8	9	4			2	5
2						6		7
	5	4				3	8	

							1	
			1	9			2	
					7	8		5
	7						3	
	1			2	5	9		
		8		4				7
		5		8			7	
7	3		9			6		2
		2			1		4	

							6	
					2	7		8
	6	3	5	7			2	
6		9				8		
			1	8	9			
1		7				5		
	1	2	6	3			5	
					1	6		2
							3	

			7		9			
	3	2				4	5	
		4				8		
	8		6		3		1	
	1	9				3	4	
	6		2		1		7	
2				8				4
9	7						2	3

				9				
		1					3	4
	7				2			
								2
8					7	9	6	5
		6		3			7	
				6		5		
	1			7	4		8	
	4		3	8		7		6

HARMLOS Sudoku

		7						
					4	3		
5					3		7	
			5	7			6	
			2		9			4
	1	2		3		7	5	
	2				5		8	
		5	9		2	4		
				4				9

Seite 9

3	6	5	4	1	9	8	2	7
8	4	1	3	2	7	5	6	9
7	2	9	8	6	5	1	4	3
9	1	2	5	4	8	3	7	6
5	7	3	2	9	6	4	1	8
4	8	6	1	7	3	9	5	2
6	5	7	9	8	4	2	3	1
1	3	8	6	5	2	7	9	4
2	9	4	7	3	1	6	8	5

Seite 10

9	5	4	1	3	8	2	6	7
6	8	2	5	7	4	1	3	9
3	7	1	2	9	6	8	5	4
5	2	9	4	8	7	6	1	3
4	3	8	6	1	2	7	9	5
7	1	6	3	5	9	4	8	2
8	6	3	7	2	5	9	4	1
2	4	5	9	6	1	3	7	8
1	9	7	8	4	3	5	2	6

Seite 11

8	7	2	4	9	6	5	1	3
9	6	5	8	1	3	2	4	7
3	1	4	2	7	5	8	6	9
5	2	1	7	4	8	9	3	6
6	4	8	5	3	9	1	7	2
7	3	9	1	6	2	4	5	8
2	9	6	3	5	1	7	8	4
1	8	7	6	2	4	3	9	5
4	5	3	9	8	7	6	2	1

Seite 12

1	4	2	6	8	3	7	9	5
7	3	5	1	2	9	6	8	4
9	8	6	5	7	4	2	1	3
2	1	8	7	4	5	3	6	9
3	9	7	2	1	6	4	5	8
6	5	4	9	3	8	1	2	7
5	2	1	3	9	7	8	4	6
4	7	9	8	6	1	5	3	2
8	6	3	4	5	2	9	7	1

Seite 13

4	9	2	3	6	7	1	8	5
6	1	3	5	2	8	9	7	4
7	8	5	4	1	9	3	2	6
5	2	8	1	9	4	7	6	3
9	4	6	8	7	3	5	1	2
3	7	1	6	5	2	4	9	8
8	5	7	2	4	1	6	3	9
2	6	9	7	3	5	8	4	1
1	3	4	9	8	6	2	5	7

Seite 14

2	5	1	9	7	6	8	4	3
4	7	9	5	8	3	2	1	6
8	3	6	1	4	2	9	7	5
3	1	4	2	9	5	7	6	8
5	8	2	7	6	4	1	3	9
9	6	7	8	3	1	4	5	2
7	2	3	6	1	8	5	9	4
1	4	8	3	5	9	6	2	7
6	9	5	4	2	7	3	8	1

LÖSUNGEN 15–20

Seite 15

4	5	8	6	1	3	7	9	2
1	2	3	9	7	5	8	6	4
7	6	9	2	4	8	1	5	3
2	3	6	5	8	7	9	4	1
8	9	4	3	2	1	6	7	5
5	1	7	4	6	9	3	2	8
6	4	1	8	9	2	5	3	7
3	8	2	7	5	6	4	1	9
9	7	5	1	3	4	2	8	6

Seite 16

4	3	5	7	1	8	2	6	9
8	6	1	2	3	9	7	5	4
7	9	2	6	5	4	3	8	1
1	4	6	8	9	2	5	7	3
2	7	9	5	4	3	6	1	8
5	8	3	1	7	6	4	9	2
3	5	7	9	2	1	8	4	6
6	1	4	3	8	7	9	2	5
9	2	8	4	6	5	1	3	7

Seite 17

3	9	2	7	5	1	8	4	6
7	1	8	6	4	3	9	5	2
4	5	6	9	8	2	7	3	1
9	8	4	1	3	7	2	6	5
2	6	7	4	9	5	3	1	8
5	3	1	8	2	6	4	7	9
6	7	3	2	1	8	5	9	4
8	4	5	3	6	9	1	2	7
1	2	9	5	7	4	6	8	3

Seite 18

9	8	5	4	1	3	6	2	7
1	4	7	9	2	6	3	5	8
3	6	2	7	5	8	9	1	4
7	3	8	1	9	2	4	6	5
5	2	1	6	8	4	7	3	9
4	9	6	3	7	5	1	8	2
2	1	3	5	4	7	8	9	6
8	7	9	2	6	1	5	4	3
6	5	4	8	3	9	2	7	1

Seite 19

5	1	7	4	2	8	9	6	3
2	6	8	3	9	5	4	7	1
4	3	9	1	7	6	5	2	8
3	8	5	7	6	1	2	4	9
1	9	6	2	8	4	7	3	5
7	4	2	9	5	3	8	1	6
6	5	1	8	4	7	3	9	2
8	2	4	6	3	9	1	5	7
9	7	3	5	1	2	6	8	4

Seite 20

1	9	7	2	6	8	5	4	3
5	2	8	3	1	4	9	7	6
6	3	4	5	9	7	1	2	8
4	1	6	9	5	2	3	8	7
7	5	3	1	8	6	4	9	2
9	8	2	4	7	3	6	5	1
8	7	9	6	3	5	2	1	4
2	6	1	8	4	9	7	3	5
3	4	5	7	2	1	8	6	9

Seite 21

9	3	4	2	7	5	1	8	6
7	8	1	3	4	6	9	5	2
5	2	6	9	1	8	7	4	3
8	5	9	7	6	3	4	2	1
2	1	7	5	8	4	6	3	9
6	4	3	1	9	2	5	7	8
1	9	5	8	3	7	2	6	4
4	7	8	6	2	9	3	1	5
3	6	2	4	5	1	8	9	7

Seite 22

7	2	1	9	4	3	6	8	5
8	5	9	6	2	1	3	4	7
4	6	3	8	5	7	2	9	1
2	9	6	1	3	8	7	5	4
3	4	8	2	7	5	1	6	9
1	7	5	4	9	6	8	2	3
6	8	7	5	1	9	4	3	2
5	3	4	7	8	2	9	1	6
9	1	2	3	6	4	5	7	8

Seite 23

4	8	6	7	1	9	5	3	2
5	1	7	3	2	6	4	9	8
3	9	2	4	8	5	1	7	6
2	5	9	8	6	1	3	4	7
6	7	8	5	3	4	2	1	9
1	3	4	2	9	7	8	6	5
9	6	3	1	5	2	7	8	4
7	2	1	6	4	8	9	5	3
8	4	5	9	7	3	6	2	1

Seite 24

5	8	1	7	6	4	9	3	2
6	9	3	2	1	8	7	5	4
2	7	4	5	3	9	1	6	8
8	4	7	9	2	6	3	1	5
9	3	6	4	5	1	8	2	7
1	2	5	8	7	3	6	4	9
4	6	2	3	9	7	5	8	1
3	5	9	1	8	2	4	7	6
7	1	8	6	4	5	2	9	3

Seite 25

8	4	9	3	7	1	2	6	5
2	5	1	9	8	6	7	4	3
6	3	7	2	4	5	8	9	1
3	2	5	7	1	9	4	8	6
1	9	6	4	2	8	5	3	7
7	8	4	5	6	3	9	1	2
9	7	2	6	3	4	1	5	8
4	6	8	1	5	2	3	7	9
5	1	3	8	9	7	6	2	4

Seite 26

6	4	5	7	2	1	3	9	8
7	9	2	6	8	3	4	5	1
3	8	1	5	4	9	6	2	7
8	1	6	2	7	5	9	3	4
4	2	3	1	9	8	5	7	6
9	5	7	3	6	4	1	8	2
1	6	8	9	5	2	7	4	3
2	7	9	4	3	6	8	1	5
5	3	4	8	1	7	2	6	9

Seite 27

2	1	8	9	3	7	6	4	5
3	5	4	6	2	8	1	7	9
9	7	6	5	1	4	3	8	2
6	9	5	4	7	2	8	3	1
4	8	3	1	6	5	2	9	7
7	2	1	8	9	3	4	5	6
8	6	9	3	5	1	7	2	4
5	3	2	7	4	6	9	1	8
1	4	7	2	8	9	5	6	3

Seite 28

5	2	7	9	1	6	4	3	8
1	8	3	5	4	7	2	6	9
4	9	6	3	8	2	7	5	1
8	7	5	4	2	1	6	9	3
3	1	2	6	7	9	5	8	4
6	4	9	8	5	3	1	7	2
9	6	4	2	3	5	8	1	7
7	5	8	1	9	4	3	2	6
2	3	1	7	6	8	9	4	5

Seite 29

1	6	9	5	2	7	3	4	8
3	4	7	8	1	6	5	9	2
2	8	5	4	3	9	7	6	1
4	3	6	9	7	2	8	1	5
5	7	1	6	8	4	2	3	9
9	2	8	1	5	3	4	7	6
6	9	2	3	4	8	1	5	7
7	5	3	2	9	1	6	8	4
8	1	4	7	6	5	9	2	3

Seite 30

1	3	8	5	2	7	6	4	9
5	2	4	6	3	9	8	1	7
7	9	6	8	4	1	2	3	5
3	4	1	9	6	2	7	5	8
8	6	7	1	5	3	9	2	4
9	5	2	7	8	4	1	6	3
4	7	5	2	9	6	3	8	1
2	1	3	4	7	8	5	9	6
6	8	9	3	1	5	4	7	2

Seite 31

5	2	6	7	3	4	8	9	1
4	1	7	5	9	8	2	3	6
8	3	9	2	6	1	7	4	5
3	4	1	9	7	2	6	5	8
6	5	8	4	1	3	9	7	2
9	7	2	6	8	5	4	1	3
2	8	4	3	5	7	1	6	9
1	9	3	8	4	6	5	2	7
7	6	5	1	2	9	3	8	4

Seite 32

8	2	3	9	1	5	7	6	4
5	4	1	6	7	2	9	3	8
6	7	9	4	8	3	5	2	1
9	3	7	8	2	1	4	5	6
4	8	2	3	5	6	1	7	9
1	6	5	7	4	9	3	8	2
7	9	4	2	3	8	6	1	5
3	1	8	5	6	4	2	9	7
2	5	6	1	9	7	8	4	3

Seite 33

9	8	6	7	1	3	2	5	4
1	3	7	4	2	5	6	9	8
2	4	5	6	8	9	1	3	7
5	1	4	8	7	6	3	2	9
7	2	3	9	4	1	8	6	5
8	6	9	5	3	2	4	7	1
6	7	8	2	5	4	9	1	3
3	5	2	1	9	8	7	4	6
4	9	1	3	6	7	5	8	2

Seite 36

5	9	8	4	3	7	6	2	1
6	1	3	2	9	8	5	4	7
2	7	4	1	5	6	9	3	8
9	8	1	3	6	4	7	5	2
7	6	2	9	8	5	4	1	3
3	4	5	7	1	2	8	9	6
4	2	9	8	7	3	1	6	5
1	5	7	6	2	9	3	8	4
8	3	6	5	4	1	2	7	9

Seite 34

6	2	8	1	3	9	7	5	4
3	7	4	6	5	2	1	8	9
5	9	1	7	8	4	3	6	2
7	5	3	8	9	1	4	2	6
4	1	2	5	6	3	9	7	8
8	6	9	2	4	7	5	1	3
9	8	6	3	7	5	2	4	1
2	4	5	9	1	6	8	3	7
1	3	7	4	2	8	6	9	5

Seite 37

2	3	5	7	9	4	1	6	8
6	9	1	8	2	5	4	3	7
7	8	4	3	6	1	5	2	9
9	6	7	5	4	8	2	1	3
5	1	2	6	3	7	9	8	4
8	4	3	2	1	9	6	7	5
4	2	6	9	8	3	7	5	1
3	5	9	1	7	6	8	4	2
1	7	8	4	5	2	3	9	6

Seite 35

2	7	3	8	1	5	6	9	4
8	1	9	4	6	7	2	5	3
4	5	6	3	2	9	8	7	1
1	9	5	2	8	3	4	6	7
3	2	4	6	7	1	5	8	9
6	8	7	9	5	4	3	1	2
5	4	2	7	9	6	1	3	8
7	6	8	1	3	2	9	4	5
9	3	1	5	4	8	7	2	6

Seite 38

5	8	2	1	3	4	7	6	9
3	6	7	2	5	9	1	8	4
9	4	1	7	6	8	3	2	5
1	5	3	4	9	6	8	7	2
6	7	8	3	2	5	9	4	1
2	9	4	8	7	1	6	5	3
7	2	6	5	1	3	4	9	8
4	3	5	9	8	7	2	1	6
8	1	9	6	4	2	5	3	7

LÖSUNGEN 39–44

Seite 39

9	3	8	6	7	2	1	5	4
7	5	1	9	4	8	6	3	2
4	6	2	5	1	3	7	8	9
2	9	3	8	6	5	4	1	7
6	7	5	1	3	4	2	9	8
1	8	4	7	2	9	3	6	5
8	4	7	3	5	6	9	2	1
5	1	6	2	9	7	8	4	3
3	2	9	4	8	1	5	7	6

Seite 40

6	5	1	3	8	7	2	4	9
7	4	8	6	2	9	1	5	3
9	3	2	1	4	5	7	8	6
5	6	4	7	9	1	8	3	2
3	1	7	2	6	8	4	9	5
2	8	9	5	3	4	6	1	7
4	2	5	9	1	6	3	7	8
8	7	3	4	5	2	9	6	1
1	9	6	8	7	3	5	2	4

Seite 41

1	5	9	3	7	4	6	8	2
2	3	6	5	8	9	1	4	7
4	8	7	6	2	1	9	3	5
9	4	8	2	1	5	3	7	6
5	2	1	7	3	6	8	9	4
6	7	3	4	9	8	5	2	1
3	9	4	1	6	2	7	5	8
7	6	2	8	5	3	4	1	9
8	1	5	9	4	7	2	6	3

Seite 42

5	8	2	6	9	7	3	4	1
7	1	6	4	8	3	9	2	5
9	3	4	2	1	5	8	7	6
3	6	8	1	4	2	5	9	7
2	5	1	7	6	9	4	3	8
4	7	9	5	3	8	1	6	2
1	4	5	3	2	6	7	8	9
6	9	3	8	7	1	2	5	4
8	2	7	9	5	4	6	1	3

Seite 43

5	1	4	3	9	2	7	6	8
9	8	7	6	4	5	1	3	2
3	2	6	1	8	7	4	5	9
2	7	8	4	3	9	6	1	5
4	3	5	2	6	1	9	8	7
1	6	9	5	7	8	2	4	3
8	4	3	7	2	6	5	9	1
6	5	2	9	1	3	8	7	4
7	9	1	8	5	4	3	2	6

Seite 44

9	3	7	5	1	8	6	2	4
8	5	2	6	4	3	9	7	1
1	6	4	7	2	9	5	8	3
3	7	5	4	8	6	2	1	9
4	2	1	9	5	7	3	6	8
6	8	9	1	3	2	4	5	7
2	9	6	3	7	1	8	4	5
5	1	3	8	6	4	7	9	2
7	4	8	2	9	5	1	3	6

Seite 45

4	7	2	1	6	5	3	9	8
8	3	5	7	9	4	1	2	6
9	1	6	3	2	8	7	4	5
2	6	9	8	7	3	4	5	1
7	8	4	2	5	1	9	6	3
1	5	3	9	4	6	8	7	2
6	2	8	4	1	9	5	3	7
5	9	1	6	3	7	2	8	4
3	4	7	5	8	2	6	1	9

Seite 48

3	7	4	5	1	9	2	8	6
2	1	9	7	8	6	4	3	5
5	8	6	4	2	3	7	9	1
4	5	7	3	6	1	9	2	8
9	3	8	2	5	7	1	6	4
6	2	1	8	9	4	3	5	7
1	9	3	6	7	8	5	4	2
7	6	2	9	4	5	8	1	3
8	4	5	1	3	2	6	7	9

Seite 46

8	5	7	3	6	4	9	1	2
1	9	6	2	7	5	3	4	8
3	2	4	8	1	9	7	5	6
4	7	8	5	3	6	1	2	9
2	6	5	1	9	8	4	7	3
9	3	1	7	4	2	6	8	5
5	4	3	6	2	1	8	9	7
7	8	9	4	5	3	2	6	1
6	1	2	9	8	7	5	3	4

Seite 49

7	3	8	2	5	1	4	6	9
6	1	9	4	7	8	2	5	3
5	2	4	9	6	3	1	7	8
8	6	3	7	4	5	9	2	1
2	5	1	6	3	9	8	4	7
4	9	7	8	1	2	5	3	6
3	8	5	1	2	6	7	9	4
9	7	6	5	8	4	3	1	2
1	4	2	3	9	7	6	8	5

Seite 47

6	4	1	8	5	3	7	9	2
7	5	9	6	2	1	3	4	8
8	2	3	9	4	7	5	1	6
3	1	4	7	8	5	2	6	9
5	9	7	2	1	6	8	3	4
2	8	6	3	9	4	1	7	5
1	7	2	4	6	8	9	5	3
4	3	8	5	7	9	6	2	1
9	6	5	1	3	2	4	8	7

Seite 50

9	4	2	8	1	6	7	3	5
3	8	6	9	7	5	1	2	4
7	1	5	4	3	2	6	8	9
5	7	1	6	8	3	9	4	2
4	6	9	5	2	7	8	1	3
8	2	3	1	9	4	5	7	6
1	5	4	2	6	8	3	9	7
2	3	8	7	5	9	4	6	1
6	9	7	3	4	1	2	5	8

LÖSUNGEN 51–56

Seite 51

5	7	6	9	8	2	3	1	4
8	9	2	3	1	4	5	6	7
4	1	3	7	6	5	9	2	8
9	6	1	4	5	7	8	3	2
3	5	7	1	2	8	6	4	9
2	4	8	6	3	9	1	7	5
6	8	9	2	7	1	4	5	3
7	3	4	5	9	6	2	8	1
1	2	5	8	4	3	7	9	6

Seite 52

2	4	6	9	7	8	5	1	3
8	7	3	5	1	2	6	4	9
1	9	5	6	4	3	8	7	2
3	8	9	7	2	5	4	6	1
6	2	1	3	8	4	7	9	5
7	5	4	1	9	6	3	2	8
4	6	8	2	3	1	9	5	7
5	1	7	8	6	9	2	3	4
9	3	2	4	5	7	1	8	6

Seite 53

3	6	2	8	4	1	9	7	5
8	1	5	6	7	9	3	4	2
7	9	4	3	5	2	6	1	8
2	8	3	5	9	4	7	6	1
9	7	6	2	1	3	8	5	4
5	4	1	7	6	8	2	9	3
1	2	9	4	8	6	5	3	7
6	3	7	1	2	5	4	8	9
4	5	8	9	3	7	1	2	6

Seite 54

7	6	4	1	2	9	5	8	3
3	2	5	8	7	4	1	6	9
9	8	1	5	6	3	4	7	2
8	7	2	4	9	1	6	3	5
5	3	9	2	8	6	7	4	1
4	1	6	3	5	7	2	9	8
1	4	8	7	3	5	9	2	6
2	9	7	6	1	8	3	5	4
6	5	3	9	4	2	8	1	7

Seite 55

8	9	6	1	2	3	4	7	5
3	1	2	7	4	5	6	9	8
4	7	5	8	9	6	1	2	3
6	8	9	3	1	7	2	5	4
5	3	1	4	6	2	7	8	9
2	4	7	9	5	8	3	1	6
7	5	8	2	3	4	9	6	1
1	6	3	5	7	9	8	4	2
9	2	4	6	8	1	5	3	7

Seite 56

2	3	8	4	9	6	1	5	7
9	5	1	2	7	3	6	4	8
6	4	7	1	8	5	2	9	3
3	8	4	7	1	9	5	6	2
7	9	2	6	5	4	3	8	1
1	6	5	3	2	8	9	7	4
5	1	9	8	4	2	7	3	6
4	2	3	5	6	7	8	1	9
8	7	6	9	3	1	4	2	5

Seite 57

6	1	7	2	4	8	5	3	9
3	9	8	5	6	1	4	7	2
5	2	4	9	3	7	6	8	1
7	4	5	3	8	9	1	2	6
1	3	9	6	2	4	7	5	8
8	6	2	1	7	5	9	4	3
2	5	3	4	1	6	8	9	7
4	7	1	8	9	2	3	6	5
9	8	6	7	5	3	2	1	4

Seite 60

1	8	9	5	7	3	6	2	4
7	2	3	9	6	4	8	5	1
5	4	6	1	2	8	7	3	9
8	1	2	7	4	9	5	6	3
4	6	5	2	3	1	9	7	8
3	9	7	6	8	5	4	1	2
6	7	1	8	9	2	3	4	5
9	5	4	3	1	7	2	8	6
2	3	8	4	5	6	1	9	7

Seite 58

3	1	8	9	6	2	5	4	7
7	4	5	3	1	8	6	2	9
6	9	2	7	4	5	8	3	1
5	8	1	6	9	4	3	7	2
4	2	6	8	3	7	1	9	5
9	7	3	2	5	1	4	6	8
1	3	9	5	7	6	2	8	4
2	6	4	1	8	9	7	5	3
8	5	7	4	2	3	9	1	6

Seite 61

4	7	8	1	2	9	3	5	6
5	3	1	7	6	8	4	9	2
9	6	2	4	5	3	1	8	7
6	1	3	9	7	4	8	2	5
7	2	9	5	8	1	6	3	4
8	4	5	2	3	6	7	1	9
3	9	6	8	4	2	5	7	1
2	5	4	3	1	7	9	6	8
1	8	7	6	9	5	2	4	3

Seite 59

9	5	4	8	2	7	1	3	6
6	8	1	5	4	3	9	7	2
2	3	7	9	6	1	8	5	4
8	7	3	1	5	4	6	2	9
5	1	6	2	3	9	4	8	7
4	9	2	7	8	6	5	1	3
3	6	8	4	1	2	7	9	5
7	4	5	3	9	8	2	6	1
1	2	9	6	7	5	3	4	8

Seite 62

9	3	1	2	8	7	6	5	4
2	5	8	1	4	6	3	7	9
4	6	7	5	3	9	8	2	1
8	7	3	9	1	4	2	6	5
1	2	4	7	6	5	9	8	3
5	9	6	8	2	3	1	4	7
3	4	2	6	7	1	5	9	8
7	8	5	3	9	2	4	1	6
6	1	9	4	5	8	7	3	2

Seite 63

3	6	8	4	7	1	5	9	2
5	1	9	2	8	6	3	4	7
7	2	4	3	5	9	1	8	6
4	3	5	9	6	7	2	1	8
1	7	2	8	4	5	9	6	3
9	8	6	1	2	3	4	7	5
6	9	7	5	1	2	8	3	4
8	5	3	6	9	4	7	2	1
2	4	1	7	3	8	6	5	9

Seite 66

3	5	9	6	4	8	1	7	2
2	4	1	7	3	5	8	6	9
8	6	7	9	1	2	4	5	3
7	1	5	4	6	9	3	2	8
4	9	2	5	8	3	6	1	7
6	3	8	2	7	1	5	9	4
9	2	4	8	5	6	7	3	1
1	8	6	3	9	7	2	4	5
5	7	3	1	2	4	9	8	6

Seite 64

5	4	3	9	1	6	7	8	2
8	9	6	2	7	3	1	5	4
2	1	7	8	5	4	9	3	6
7	6	8	4	2	1	5	9	3
4	3	5	7	9	8	6	2	1
1	2	9	6	3	5	8	4	7
9	8	1	3	4	7	2	6	5
3	7	2	5	6	9	4	1	8
6	5	4	1	8	2	3	7	9

Seite 67

3	7	2	6	1	5	4	9	8
9	6	1	8	7	4	5	2	3
5	8	4	9	3	2	1	7	6
2	9	6	7	5	3	8	4	1
8	1	3	4	9	6	7	5	2
7	4	5	1	2	8	3	6	9
4	5	9	3	6	1	2	8	7
1	2	7	5	8	9	6	3	4
6	3	8	2	4	7	9	1	5

Seite 65

5	8	7	6	1	3	2	9	4
6	2	9	4	5	7	8	3	1
1	4	3	2	8	9	7	6	5
2	3	1	5	4	6	9	8	7
4	7	6	9	2	8	5	1	3
8	9	5	7	3	1	6	4	2
9	5	4	1	6	2	3	7	8
7	1	8	3	9	5	4	2	6
3	6	2	8	7	4	1	5	9

Seite 68

7	2	8	5	3	9	6	4	1
3	9	6	7	1	4	5	8	2
5	4	1	2	8	6	7	9	3
4	3	2	6	7	8	1	5	9
1	5	7	3	9	2	8	6	4
8	6	9	1	4	5	2	3	7
6	7	3	4	5	1	9	2	8
9	1	5	8	2	3	4	7	6
2	8	4	9	6	7	3	1	5

Seite 69

6	3	1	2	5	4	8	9	7
2	9	8	1	7	3	5	6	4
5	4	7	6	8	9	3	2	1
8	6	4	5	1	7	2	3	9
1	5	9	8	3	2	7	4	6
7	2	3	4	9	6	1	8	5
9	7	2	3	4	1	6	5	8
3	1	5	9	6	8	4	7	2
4	8	6	7	2	5	9	1	3

Seite 72

3	6	4	1	2	7	5	8	9
5	2	7	9	4	8	1	6	3
8	9	1	5	3	6	2	7	4
7	4	6	3	1	9	8	5	2
1	5	9	2	8	4	6	3	7
2	8	3	7	6	5	9	4	1
4	3	2	8	5	1	7	9	6
9	1	5	6	7	3	4	2	8
6	7	8	4	9	2	3	1	5

Seite 70

3	9	7	4	6	2	5	8	1
8	6	1	9	3	5	2	7	4
5	2	4	7	1	8	3	9	6
9	4	8	5	2	7	1	6	3
2	3	6	8	4	1	9	5	7
7	1	5	3	9	6	4	2	8
1	7	9	2	8	4	6	3	5
6	5	3	1	7	9	8	4	2
4	8	2	6	5	3	7	1	9

Seite 73

9	8	4	6	5	1	3	2	7
2	1	5	3	8	7	4	9	6
7	3	6	2	9	4	8	1	5
6	9	8	5	3	2	7	4	1
5	7	3	4	1	6	9	8	2
4	2	1	8	7	9	5	6	3
1	4	7	9	6	5	2	3	8
3	6	2	7	4	8	1	5	9
8	5	9	1	2	3	6	7	4

Seite 71

1	6	4	8	9	2	7	5	3
5	9	2	1	7	3	8	4	6
8	3	7	5	6	4	2	1	9
3	8	5	6	2	1	4	9	7
9	4	1	3	8	7	5	6	2
7	2	6	4	5	9	3	8	1
6	1	3	7	4	5	9	2	8
4	7	9	2	1	8	6	3	5
2	5	8	9	3	6	1	7	4

Seite 74

8	3	4	9	6	5	7	1	2
9	5	2	1	7	3	8	6	4
1	6	7	8	2	4	5	3	9
5	2	3	7	4	6	1	9	8
7	4	1	5	8	9	6	2	3
6	8	9	3	1	2	4	5	7
2	7	8	6	9	1	3	4	5
3	9	6	4	5	7	2	8	1
4	1	5	2	3	8	9	7	6

Seite 75

5	2	1	3	8	6	4	7	9
8	9	4	2	7	1	6	3	5
6	7	3	4	9	5	8	2	1
4	5	8	1	3	7	2	9	6
2	3	9	6	4	8	5	1	7
7	1	6	5	2	9	3	4	8
3	8	5	9	1	4	7	6	2
1	4	7	8	6	2	9	5	3
9	6	2	7	5	3	1	8	4

Seite 76

5	4	9	3	7	8	6	2	1
7	6	2	4	9	1	5	3	8
8	3	1	2	5	6	4	7	9
9	7	5	8	4	2	3	1	6
4	1	8	7	6	3	2	9	5
3	2	6	9	1	5	8	4	7
1	5	4	6	2	9	7	8	3
2	9	3	5	8	7	1	6	4
6	8	7	1	3	4	9	5	2

Seite 77

5	2	3	8	7	9	1	6	4
1	6	7	3	5	4	2	8	9
4	8	9	1	6	2	3	5	7
3	1	8	6	4	5	7	9	2
7	4	5	2	9	8	6	3	1
2	9	6	7	3	1	5	4	8
6	3	2	9	8	7	4	1	5
9	7	4	5	1	6	8	2	3
8	5	1	4	2	3	9	7	6

Seite 78

9	4	8	7	2	1	5	3	6
7	5	3	6	8	4	1	9	2
6	2	1	9	3	5	8	4	7
1	3	7	4	9	2	6	5	8
2	9	5	3	6	8	7	1	4
4	8	6	1	5	7	3	2	9
3	1	9	2	7	6	4	8	5
5	6	4	8	1	9	2	7	3
8	7	2	5	4	3	9	6	1

Seite 79

7	1	3	6	9	5	4	8	2
4	5	8	7	1	2	9	6	3
2	9	6	4	3	8	5	1	7
6	4	5	8	7	1	2	3	9
1	3	7	5	2	9	8	4	6
8	2	9	3	6	4	1	7	5
9	6	2	1	4	3	7	5	8
3	8	4	2	5	7	6	9	1
5	7	1	9	8	6	3	2	4

Seite 80

7	9	3	1	6	2	4	8	5
6	4	2	5	8	9	7	3	1
5	8	1	4	3	7	2	6	9
8	1	6	2	4	5	9	7	3
2	5	9	3	7	6	1	4	8
3	7	4	8	9	1	6	5	2
9	3	8	7	2	4	5	1	6
1	6	7	9	5	8	3	2	4
4	2	5	6	1	3	8	9	7

Seite 81

9	3	5	6	1	4	2	8	7
1	6	7	3	2	8	9	4	5
8	2	4	9	7	5	1	6	3
2	5	3	8	4	6	7	9	1
7	4	8	1	5	9	3	2	6
6	9	1	2	3	7	4	5	8
5	1	9	4	8	3	6	7	2
3	8	6	7	9	2	5	1	4
4	7	2	5	6	1	8	3	9

Seite 84

6	5	4	8	7	9	1	2	3
9	3	2	1	4	6	7	8	5
1	8	7	5	2	3	6	4	9
4	7	5	9	8	1	3	6	2
8	2	1	6	3	4	9	5	7
3	9	6	2	5	7	4	1	8
7	4	8	3	6	5	2	9	1
2	1	3	4	9	8	5	7	6
5	6	9	7	1	2	8	3	4

Seite 82

3	5	7	6	2	1	9	4	8
8	2	6	9	4	5	7	3	1
4	1	9	7	8	3	5	6	2
5	7	3	4	1	6	8	2	9
9	6	8	2	3	7	4	1	5
2	4	1	5	9	8	3	7	6
6	3	4	8	5	2	1	9	7
1	8	2	3	7	9	6	5	4
7	9	5	1	6	4	2	8	3

Seite 85

3	5	2	9	7	6	4	1	8
1	6	9	2	4	8	7	5	3
7	4	8	3	1	5	9	6	2
6	8	7	1	5	3	2	9	4
5	9	4	7	6	2	3	8	1
2	1	3	4	8	9	5	7	6
4	3	6	5	9	1	8	2	7
8	2	5	6	3	7	1	4	9
9	7	1	8	2	4	6	3	5

Seite 83

9	6	8	7	2	4	5	3	1
7	5	3	6	9	1	2	4	8
1	4	2	8	5	3	6	7	9
5	8	4	1	3	6	7	9	2
3	7	9	5	4	2	1	8	6
6	2	1	9	7	8	4	5	3
4	1	5	3	6	9	8	2	7
2	3	6	4	8	7	9	1	5
8	9	7	2	1	5	3	6	4

Seite 86

9	7	2	4	5	3	6	1	8
3	8	5	2	6	1	4	7	9
4	6	1	8	9	7	3	2	5
2	5	6	9	1	4	8	3	7
1	9	3	7	8	5	2	4	6
8	4	7	6	3	2	9	5	1
5	2	8	1	4	9	7	6	3
6	3	4	5	7	8	1	9	2
7	1	9	3	2	6	5	8	4

Seite 87

9	7	3	6	4	5	8	2	1
5	6	2	8	1	3	7	9	4
8	1	4	2	7	9	3	5	6
1	4	5	9	3	2	6	7	8
3	2	8	7	5	6	1	4	9
7	9	6	1	8	4	2	3	5
6	3	1	5	9	7	4	8	2
2	5	7	4	6	8	9	1	3
4	8	9	3	2	1	5	6	7

Seite 88

3	1	9	8	7	6	2	5	4
5	4	2	1	9	3	8	6	7
6	7	8	5	4	2	9	3	1
2	9	5	7	8	1	3	4	6
4	3	6	2	5	9	7	1	8
7	8	1	3	6	4	5	2	9
9	5	4	6	3	8	1	7	2
1	6	7	9	2	5	4	8	3
8	2	3	4	1	7	6	9	5

Seite 89

9	4	8	3	5	7	2	6	1
1	3	7	6	2	9	5	8	4
2	5	6	8	1	4	3	7	9
6	9	1	5	8	2	7	4	3
7	2	3	9	4	1	8	5	6
4	8	5	7	3	6	1	9	2
5	1	9	4	7	3	6	2	8
3	7	4	2	6	8	9	1	5
8	6	2	1	9	5	4	3	7

Seite 90

7	3	8	2	5	1	4	6	9
6	1	9	4	7	8	2	5	3
5	2	4	9	6	3	1	7	8
8	6	3	7	4	5	9	2	1
2	5	1	6	3	9	8	4	7
4	9	7	8	1	2	5	3	6
3	8	5	1	2	6	7	9	4
9	7	6	5	8	4	3	1	2
1	4	2	3	9	7	6	8	5

Seite 91

8	9	1	4	3	2	6	5	7
5	4	6	7	1	8	2	9	3
7	3	2	9	6	5	1	4	8
3	2	9	5	4	1	8	7	6
1	7	4	3	8	6	5	2	9
6	8	5	2	9	7	4	3	1
4	6	7	8	5	3	9	1	2
2	5	8	1	7	9	3	6	4
9	1	3	6	2	4	7	8	5

Seite 92

8	4	6	1	9	5	3	7	2
1	2	5	7	3	8	4	6	9
9	3	7	6	4	2	1	8	5
6	9	1	5	7	3	2	4	8
2	5	3	9	8	4	7	1	6
7	8	4	2	6	1	5	9	3
4	6	2	3	1	9	8	5	7
5	1	9	8	2	7	6	3	4
3	7	8	4	5	6	9	2	1

Seite 93

9	6	7	2	8	1	5	3	4
2	3	4	7	5	9	1	8	6
5	8	1	6	3	4	7	9	2
6	4	8	3	2	7	9	1	5
3	7	9	1	6	5	4	2	8
1	5	2	9	4	8	3	6	7
8	1	6	4	7	3	2	5	9
7	2	3	5	9	6	8	4	1
4	9	5	8	1	2	6	7	3

Seite 96

6	1	7	5	2	3	4	8	9
5	8	2	4	9	7	1	3	6
3	9	4	1	6	8	7	5	2
9	3	8	7	1	2	6	4	5
2	6	1	9	5	4	3	7	8
7	4	5	8	3	6	2	9	1
4	5	3	6	8	1	9	2	7
8	2	6	3	7	9	5	1	4
1	7	9	2	4	5	8	6	3

Seite 94

9	6	3	2	1	4	7	8	5
1	5	4	7	8	3	2	9	6
2	8	7	6	9	5	1	3	4
8	9	6	1	4	7	3	5	2
3	7	2	9	5	6	8	4	1
5	4	1	3	2	8	9	6	7
4	1	5	8	3	2	6	7	9
7	2	8	4	6	9	5	1	3
6	3	9	5	7	1	4	2	8

Seite 97

3	6	9	5	4	1	7	2	8
5	2	8	9	3	7	4	6	1
7	4	1	6	2	8	3	5	9
2	3	4	7	1	5	9	8	6
8	1	7	3	9	6	5	4	2
9	5	6	2	8	4	1	7	3
4	7	3	8	6	9	2	1	5
6	9	5	1	7	2	8	3	4
1	8	2	4	5	3	6	9	7

Seite 95

8	5	2	7	1	9	3	4	6
7	4	3	5	2	6	1	8	9
1	9	6	4	8	3	2	7	5
9	1	7	6	3	8	4	5	2
6	8	4	1	5	2	7	9	3
2	3	5	9	4	7	8	6	1
5	7	1	2	6	4	9	3	8
4	2	8	3	9	5	6	1	7
3	6	9	8	7	1	5	2	4

Seite 98

6	2	4	3	5	8	7	9	1
7	8	9	2	6	1	5	3	4
3	5	1	9	4	7	2	8	6
9	3	5	4	8	6	1	7	2
1	4	8	7	9	2	3	6	5
2	7	6	1	3	5	9	4	8
8	1	2	6	7	3	4	5	9
4	6	7	5	2	9	8	1	3
5	9	3	8	1	4	6	2	7

Seite 99

3	1	8	9	4	5	7	2	6
4	7	6	3	2	8	5	1	9
5	2	9	1	6	7	3	4	8
9	4	5	6	3	2	8	7	1
2	3	1	8	7	9	4	6	5
8	6	7	4	5	1	9	3	2
7	8	4	5	1	6	2	9	3
1	5	3	2	9	4	6	8	7
6	9	2	7	8	3	1	5	4

Seite 100

2	8	4	6	3	7	1	5	9
7	6	3	5	9	1	4	8	2
5	9	1	8	4	2	7	6	3
8	3	7	9	2	5	6	4	1
4	1	9	7	6	8	3	2	5
6	2	5	4	1	3	9	7	8
3	5	8	1	7	4	2	9	6
1	7	6	2	5	9	8	3	4
9	4	2	3	8	6	5	1	7

Seite 101

5	6	1	8	4	9	7	2	3
9	7	3	2	1	6	4	5	8
2	4	8	7	5	3	1	9	6
7	3	9	6	2	1	5	8	4
4	8	2	5	9	7	3	6	1
1	5	6	3	8	4	9	7	2
8	1	4	9	6	5	2	3	7
6	9	7	4	3	2	8	1	5
3	2	5	1	7	8	6	4	9

Seite 102

4	7	3	8	1	9	2	5	6
1	8	5	6	2	7	4	3	9
6	9	2	5	3	4	8	1	7
7	4	8	9	5	3	6	2	1
2	5	9	1	4	6	7	8	3
3	1	6	7	8	2	9	4	5
8	3	7	4	9	1	5	6	2
9	2	4	3	6	5	1	7	8
5	6	1	2	7	8	3	9	4

Seite 103

9	6	1	4	8	7	5	3	2
7	8	3	2	5	1	9	6	4
5	2	4	6	3	9	7	1	8
4	9	8	3	1	6	2	5	7
2	1	6	5	7	4	3	8	9
3	7	5	8	9	2	6	4	1
6	5	7	1	2	8	4	9	3
8	4	9	7	6	3	1	2	5
1	3	2	9	4	5	8	7	6

Seite 104

8	5	7	4	6	3	9	1	2
2	6	9	1	7	8	4	3	5
3	1	4	2	5	9	7	8	6
5	8	2	6	9	7	3	4	1
1	7	6	8	3	4	2	5	9
4	9	3	5	2	1	8	6	7
9	4	8	7	1	5	6	2	3
7	2	1	3	4	6	5	9	8
6	3	5	9	8	2	1	7	4

Seite 105

4	3	5	6	7	2	8	9	1
7	8	2	1	9	4	5	3	6
9	6	1	8	3	5	2	7	4
1	9	7	3	5	8	4	6	2
8	2	6	4	1	7	9	5	3
5	4	3	2	6	9	7	1	8
3	7	8	9	4	6	1	2	5
2	1	9	5	8	3	6	4	7
6	5	4	7	2	1	3	8	9

Seite 106

4	8	9	5	3	2	7	1	6
6	5	7	1	9	8	4	2	3
1	2	3	4	6	7	8	9	5
5	7	6	8	1	9	2	3	4
3	1	4	7	2	5	9	6	8
2	9	8	6	4	3	1	5	7
9	4	5	2	8	6	3	7	1
7	3	1	9	5	4	6	8	2
8	6	2	3	7	1	5	4	9

Seite 107

2	7	8	9	1	4	3	6	5
5	9	1	3	6	2	7	4	8
4	6	3	5	7	8	9	2	1
6	2	9	7	5	3	8	1	4
3	5	4	1	8	9	2	7	6
1	8	7	2	4	6	5	9	3
8	1	2	6	3	7	4	5	9
7	3	5	4	9	1	6	8	2
9	4	6	8	2	5	1	3	7

Seite 108

1	4	5	7	3	9	2	8	6
8	9	6	5	2	4	7	3	1
7	3	2	1	6	8	4	5	9
3	2	4	9	1	5	8	6	7
5	8	7	6	4	3	9	1	2
6	1	9	8	7	2	3	4	5
4	6	3	2	9	1	5	7	8
2	5	1	3	8	7	6	9	4
9	7	8	4	5	6	1	2	3

Seite 109

4	6	5	8	9	3	1	2	7
2	9	1	7	5	6	8	3	4
3	7	8	4	1	2	6	5	9
9	5	7	6	4	8	3	1	2
8	3	4	1	2	7	9	6	5
1	2	6	9	3	5	4	7	8
7	8	3	2	6	9	5	4	1
6	1	9	5	7	4	2	8	3
5	4	2	3	8	1	7	9	6

Seite 110

6	3	7	1	9	8	2	4	5
2	8	1	7	5	4	3	9	6
5	9	4	6	2	3	8	7	1
3	4	8	5	7	1	9	6	2
7	5	6	2	8	9	1	3	4
9	1	2	4	3	6	7	5	8
4	2	9	3	1	5	6	8	7
8	7	5	9	6	2	4	1	3
1	6	3	8	4	7	5	2	9